BEI GRIN MACHT SICH IHR
WISSEN BEZAHLT

- Wir veröffentlichen Ihre Hausarbeit,
  Bachelor- und Masterarbeit

- Ihr eigenes eBook und Buch -
  weltweit in allen wichtigen Shops

- Verdienen Sie an jedem Verkauf

Jetzt bei www.GRIN.com hochladen
und kostenlos publizieren

Jan Feldmann

Bildungsbeteiligung von Migranten in Deutschland

GRIN Verlag

Bibliografische Information der Deutschen Nationalbibliothek:

Die Deutsche Bibliothek verzeichnet diese Publikation in der Deutschen National-
bibliografie; detaillierte bibliografische Daten sind im Internet über http://dnb.d-
nb.de/ abrufbar.

Impressum:

Copyright © 2011 GRIN Verlag GmbH
Druck und Bindung: Books on Demand GmbH, Norderstedt Germany
ISBN: 978-3-640-95403-2

Dieses Buch bei GRIN:

http://www.grin.com/de/e-book/174745/bildungsbeteiligung-von-migranten-in-
deutschland

GRIN - Your knowledge has value

Der GRIN Verlag publiziert seit 1998 wissenschaftliche Arbeiten von Studenten, Hochschullehrern und anderen Akademikern als eBook und gedrucktes Buch. Die Verlagswebsite www.grin.com ist die ideale Plattform zur Veröffentlichung von Hausarbeiten, Abschlussarbeiten, wissenschaftlichen Aufsätzen, Dissertationen und Fachbüchern.

Besuchen Sie uns im Internet:

http://www.grin.com/

http://www.facebook.com/grincom

http://www.twitter.com/grin_com

1

Inhaltsverzeichnis

1. Einleitung

Bildungspolitik ist in Deutschland von jeher ein bedeutsames Thema. Nicht zuletzt durch die PISA-Studien, die seit dem Jahr 2000 in dreijährigem Turnus in den meisten Mitgliedstaaten der OECD durchgeführt werden, hat sich die Relevanz des Themas Bildung in Deutschland nochmals gesteigert. Durch die großen Diskussionen in Politik und Medien zählt es mittlerweile zum Alltagswissen, dass trotz Bildungsreform und Bildungsexpansion weiterhin soziale Ungleichheiten von Bildungschancen sowohl nach sozialer, aber vor allem auch nach nationaler Herkunft bestehen.[1] Heike Diefenbach bemerkt dazu:

"Während im öffentlichen Diskurs ebenso wie in der sozialwissenschaftlichen Literatur Einigkeit darüber besteht, dass die Beschulung ausländischer Kinder und Jugendlicher in Deutschland längst kein randständiges Phänomen mehr ist, sondern in vielen deutschen Schulen zur alltäglichen Praxis gehört, ist man uneins darüber, ob ausländische Kinder oder Kinder aus Migrantenfamilien „Sorgenkinder" sind, die nicht über die notwendigen Voraussetzungen oder den Willen verfügen, das deutsche System schulischer Bildung mit Erfolg zu durchlaufen, oder ob es sich bei ihnen um eine Bildungsreserve handelt, die zu nutzen die Institutionen des deutschen Schulsystems bislang nicht zu nutzen verstanden haben."[2]

Ziel dieser Arbeit ist es, in einem ersten Teil die Bildungsbeteiligung der Migranten in Deutschland anhand von Arbeit Daten der Statistischen Ämter des Bundes und der Länder aus dem Jahr 2008 darzustellen. Der Fokus liegt hier auf der Illustration der immer noch bestehenden Disparitäten mit Hilfe aktueller Zahlen und Grafiken, die Aufschlüsse über die Nachteile von Migranten im deutschen Bildungssystem verdeutlichen. Des Weiteren werden in einem zweiten Teil mögliche Erklärungsmodelle skizziert, wobei dieser Aspekt aufgrund des Umfangs der vorliegenden Arbeit nur kurz behandelt werden kann. Im abschließenden dritten Teil werden in aller Kürze mögliche Präventionsmodelle skizziert, wobei das Hauptaugenmerk hierbei auf dem Aspekt der Bildungsaspiration durch Sprache liegen wird.

---

[1] Becker/Lauterbach (2007), S. 1.
[2] Diefenbach (2007), S. 219.

3

2. Daten der Bildungsbeteiligung

Um möglichst aktuelle Daten der Bildungsbeteiligung in Deutschland reflektieren zu können, wurden für diese Arbeit Daten der Statistischen Ämter des Bundes und der Länder aus dem Jahr 2008 verwendet, die sich im Bildungsbericht 2010[3] der ständigen Kultusministerkonferenz (KMK) finden. Im Folgenden werden verschiedene Zahlen und Grafiken erläutert, um die momentane Situation der Bildungsbeteiligung der Migranten in Deutschland zu skizzieren.

2.1 Statistische Daten aus dem Bildungsbericht 2010

Grafik 1[4] zeigt die Bildungsbeteiligung im Jahr 2008 nach ausgewählten Altersgruppen mit Migrationshintergrund.

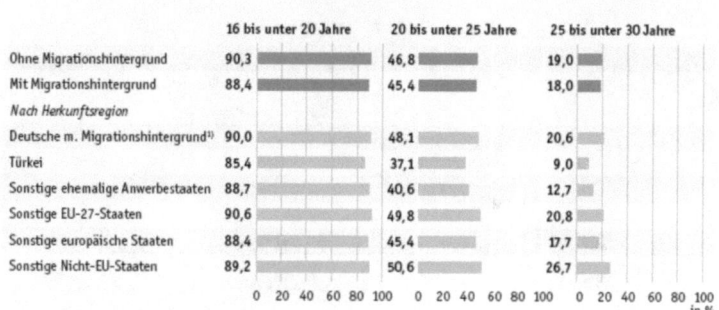

Abb. B2-3: Bildungsbeteiligungsquoten 2008 nach ausgewählten Altersgruppen und Migrationshintergrund (in %)

	16 bis unter 20 Jahre	20 bis unter 25 Jahre	25 bis unter 30 Jahre
Ohne Migrationshintergrund	90,3	46,8	19,0
Mit Migrationshintergrund	88,4	45,4	18,0
Nach Herkunftsregion			
Deutsche m. Migrationshintergrund[1]	90,0	48,1	20,6
Türkei	85,4	37,1	9,0
Sonstige ehemalige Anwerbestaaten	88,7	40,6	12,7
Sonstige EU-27-Staaten	90,6	49,8	20,8
Sonstige europäische Staaten	88,4	45,4	17,7
Sonstige Nicht-EU-Staaten	89,2	50,6	26,7

1) Z.B. Spätaussiedler
Quelle: Statistische Ämter des Bundes und der Länder, Mikrozensus 2008

Mit Blick auf die Integration von Personen mit Migrationshintergrund in Deutschland kommt einer qualifizierten Ausbildung eine wichtige Rolle zu. Es zeigt sich, dass Personen mit Migrationshintergrund in den Altersjahren ge-

---

[3] Mit "Bildung in Deutschland 2010" wurde der dritte Bericht einer unabhängigen Gruppe von Wissenschaftlerinnen und Wissenschaftlern im Auftrag der Kultusministerkonferenz (KMK) und des Bundesministeriums für Bildung und Forschung (BMBF) vorgelegt. Mit diesem indikatorengestützten Bericht wurde eine alle Bereiche des Bildungswesens umfassende aktuelle Bestandsaufnahme des deutschen Bildungswesens vorgenommen.
[4] KMK (2010), S. 35.

gen und nach Ende der Schulpflicht fast genauso häufig an Bildungsmaßnahmen teilnehmen wie Personen ohne Migrationshintergrund. Allerdings
sind Unterschiede zwischen den Herkunftsregionen festzustellen: So weisen
türkischstämmige Personen eine geringere Bildungsbeteiligung auf, vor allem
in der Gruppe der 25- bis unter 30-Jährigen. Diese Zahlen belegen, dass
Migranten, insbesondere türkischstämmige, eine besonders geringe Bildungsbeteiligung gegen und nach Ende der Schulpflicht erfahren. Einen weiteren Beleg hierfür liefert Grafik 2[5].

In Grafik 2 sehen wir den Anteil der 20- bis unter 30-Jährigen im Jahr 2008,
die über keinen beruflichen Bildungsabschluss verfügen und nicht an Bildung
teilnehmen, eingeteilt nach Geschlecht und Migrationshintergrund.

Abb. B3-2: Anteil der 20- bis unter 30-Jährigen*, die über keinen beruflichen Bildungsabschluss verfügen und nicht an Bildung teilnehmen**, 2008 nach Geschlecht
und Migrationshintergrund (in %)

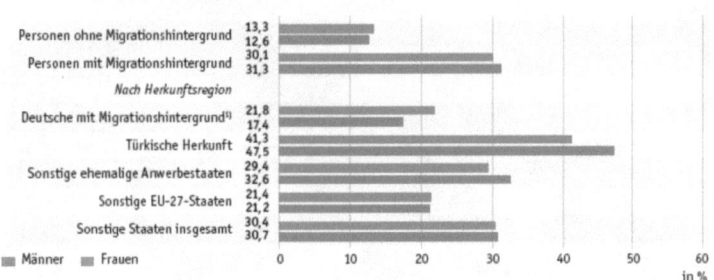

* Ohne Wehr- und Zivildienstleistende
** Personen, die zum Zeitpunkt der Befragung keine Schule oder Hochschule besucht haben.
1) Z.B. Spätaussiedler
Quelle: Statistische Ämter des Bundes und der Länder, Mikrozensus 2008

Bei Betrachtung der Werte zeigt sich, dass Personen ohne Migrationshintergrund im Durchschnitt einen höheren Bildungsstand aufweisen als Personen mit Migrationshintergrund. Diese Diskrepanz wird noch deutlicher bei
Personen ohne allgemeinen oder beruflichen Bildungsabschluss. Der Anteil
der Personen ohne Migrationshintergrund, die über keinen allgemeinen Abschluss verfügen, liegt bei 1,5 %. Bei Personen mit Migrationshintergrund
hingegen sind es 13 %. Ähnlich verhält es sich beim beruflichen Bildungsabschluss. Hier ist der Anteil der Personen mit Migrationshintergrund, die kei-

---

5 KMK (2010), S. 38.

nen beruflichen Abschluss haben, mit 39 % sogar rund 27 Prozentpunkte höher als bei Personen ohne Migrationshintergrund. Die Gruppe der 20- bis unter 30-Jährigen besaß 2008 zu 17 % weder einen beruflichen Bildungsabschluss noch nahmen diese Personen an Bildungsmaßnahmen teil. Unter den Personen mit Migrationshintergrund sind es sogar 31 %. Dieser hohe Anteil ist laut Bildungsbericht der KMK "vor allem auf die Herkunftsregionen Türkei und sonstige ehemalige Anwerbestaaten zurückzuführen"[6]. Weiter heißt es, dass die Nachteile "insbesondere auf Frauen"[7] zutreffen.

Es dürfte bis hierher bereits ein Eindruck von der Benachteiligung der Migranten im deutschen Bildungssystem vermittelt worden sein. Im Folgenden soll der Fokus auf die Daten des Schulartbesuchs und der Schulabschlüsse in Deutschland gerichtet werden, da insbesondere das dreigliedrige Schulsystem einen ständigen Kritikpunkt in der deutschen Bildungspolitik darstellt. Grafik 3[8] zeigt die Schulartverteilung und Lesekompetenz 15-jähriger Schülerinnen und Schüler im Jahr 2006 nach Migrationshintergrund und sozioökonomischem Status[9] in Prozent.

Abb. D1-4: Schulartverteilung und Lesekompetenz 15-jähriger Schülerinnen und Schüler 2006 nach Migrationshintergrund und sozioökonomischem Status* (in %)

in %	Beide Eltern in Deutschland geboren				Mindestens ein Elternteil im Ausland geboren			
		Sozioökonomischer Status				Sozioökonomischer Status		
	Insgesamt	Niedrig	Mittel	Hoch	Insgesamt	Niedrig	Mittel	Hoch
100	9	11	10	7	12	12	11	9
80	37	13	33		22	11 3	26	
60		19		61	3	29	4	50
40	11	26	11		27		29	
	27	30	30	6		46		2
20	16	31	16	20	36		30	22
0				6				16
	522	479	521	558	469	441	488	533
	Mittlere Lesekompetenz in PISA-Kompetenzpunkten				Mittlere Lesekompetenz in PISA-Kompetenzpunkten			

■ Hauptschule ■ Realschule ▨ Schule mit mehreren Bildungsgängen ▨ Gymnasium ▨ Integrierte Gesamtschule
Ohne Freie Waldorf- und Förderschulen sowie berufliche Schulen

* Höchster beruflicher Status der Eltern (HISEI-Quartile, vgl. Glossar)
Quelle: PISA E 2006, Sonderauswertung durch das IPN

---

[6] KMK (2010), S. 38.
[7] Ebd.
[8] Ebd., S. 65.
[9] Der sozioökonomische Status stellt ein Maß für die Stellung des Einzelnen innerhalb der Gesellschaft dar, beruhend auf verschiedenen Faktoren wie Bildungsstand, Einkommen, Beruf, Familienstand und Kinderzahl.

6

Oft diskutiert ist der Übergang von der Grundschule zur weiterführenden Schule. Georg Auernheimer kritisiert in diesem Zusammenhang die frühe Laufbahnentscheidung, vor die Eltern, Schüler und Lehrer gestellt werden. Die ist insofern problematisch, als dass bis zur Vollendung des vierten Schuljahres Kinder mit ungünstigen Eingangsvoraussetzungen kaum eine Chance haben, Defizite auszugleichen. Dies trifft in besonderem Maße sowohl für Kinder aus schulfremden Milieus als auch für Kinder mit einer anderen Muttersprache als Deutsch zu.[10] Auf diese Problematik wird im zweiten Teil dieser Arbeit wieder zurückzukommen sein. Anhand des Bildungsberichtes wird deutlich, dass sich auch im Bereich der Schulartverteilung im Sekundarbereich I "ethnische und soziale Segregationstendenzen aufzeigen [lassen], die durch selektive Übergangsentscheidungen und Wechsel bis zum Alter von 15 Jahren entstanden sind."[11] Mit insgesamt 37 % besucht ein wesentlich höherer Anteil von 15-jährigen Schülerinnen und Schülern ohne Migrationshintergrund das Gymnasium gegenüber denjenigen Schülern mit mindestens einem im Ausland geborenen Elternteil (22 %). Auch die Zahlen der Hauptschulbesucher belegen diese Disparitäten. Hier stehen 36 % von Schülerinnen und Schülern mit Migrationshintergrund gegenüber 16 % Schülerinnen und Schülern ohne Migrationshintergrund. Im Bildungsbericht wird zudem eine enge Verbindung mit der sozialen Lage der Herkunftsfamilien sowie den PISA-Testleistungen, in diesem Fall der Lesekompetenz, konstatiert:

"[...] fast die Hälfte der Jugendlichen mit Migrationshintergrund, aber nur ein Fünftel der Gleichaltrigen ohne Migrationshintergrund stammt aus Familien mit niedrigem sozioökonomischem Status. Gleichwohl hat der Migrationshintergrund einen eigenen Effekt auf den Schulartbesuch, da selbst unter Beachtung des sozioökonomischen Status migrationsspezifische Unterschiede bestehen bleiben: Die Schulartverteilung ist für Jugendliche mit Migrationshintergrund in allen Statusgruppen ungünstiger als für diejenigen, deren Eltern beide in Deutschland geboren wurden. Da die Jugendlichen mit Migrationshintergrund wiederum bei gleichem sozioökonomischem Status auch niedrigere PISA-Testleistungen (hier Lesekompetenz) erreicht haben, scheint die ungleiche Verteilung auf die Schularten in erster Linie Ungleichheiten in den erworbenen Kompetenzen widerzuspiegeln (primäre Disparitäten)."[12]

---

[10] Auernheimer (2006), S. 9.
[11] KMK (2010), S. 65.
[12] Ebd.

Tab. D1-2A: Schulartverteilung* und Lesekompetenz 15-jähriger Schülerinnen und Schüler im Jahr 2003 und 2006 nach Migrationshintergrund und sozioökonomischem Status (HISEI)**

Sozio-ökonomischer Status**	Schülerinnen und Schüler insgesamt		Davon an					Lesekompetenz	
			HS	RS	SMBG	GY	IGS	Mittelwert (Standardabweichung)	
	Anzahl (ungewichtet)		in % (gewichtet)					in Kompetenzpunkten	
2003									
Insgesamt									
Niedrig	10.638	25,0	36,4	23,8	15,9	12,5	11,5	456	(98)
Mittel	19.133	50,0	17,3	29,8	12,6	29,9	10,4	508	(92)
Hoch	9.326	25,0	7,6	19,2	6,1	58,6	8,6	550	(86)
Zusammen	43.819	100	20,9	24,9	12,4	31,1	10,7	499	(101)
Ohne Migrationshintergrund									
Niedrig	5.399	20,2	30,9	21,9	22,6	14,1	10,5	471	(92)
Mittel	13.867	52,6	15,1	29,3	14,4	30,9	10,2	516	(87)
Hoch	6.966	27,2	6,4	19,0	6,6	59,7	8,3	556	(81)
Zusammen	27.245	100	16,4	24,8	14,2	34,7	9,9	515	(93)
Mit Migrationshintergrund (Mindestens ein Elternteil im Ausland geboren)									
Niedrig	5.019	41,8	45,3	27,3	4,3	9,9	13,2	433	(102)
Mittel	4.994	41,0	26,8	32,1	4,1	25,8	11,2	475	(105)
Hoch	2.214	17,1	13,6	19,5	3,0	54,3	9,6	525	(105)
Zusammen	13.468	100	34,1	27,1	4,3	22,6	11,9	458	(112)
2006									
Insgesamt									
Niedrig	8.532	25,0	36,8	26,6	13,1	11,8	11,6	463	(100)
Mittel	17.100	50,0	18,3	29,7	10,1	31,7	10,2	513	(94)
Hoch	8.130	25,0	7,1	20,5	5,1	59,7	7,5	553	(89)
Zusammen	36.388	100	21,2	26,2	9,8	32,6	10,3	507	(101)
Ohne Migrationshintergrund									
Niedrig	5.232	19,5	30,5	26,0	19,5	12,9	11,1	479	(92)
Mittel	13.692	52,9	15,6	30,2	11,4	33,1	9,6	521	(89)
Hoch	6.772	27,6	5,6	20,3	5,5	61,3	7,3	558	(82)
Zusammen	26.223	100	16,0	26,6	11,5	36,6	9,3	522	(92)
Mit Migrationshintergrund (Mindestens ein Elternteil im Ausland geboren)									
Niedrig	2.601	44,7	45,7	28,8	3,1	10,7	11,9	441	(107)
Mittel	2.422	39,6	29,8	28,7	3,8	26,3	11,4	488	(108)
Hoch	946	15,6	15,7	22,5	2,5	50,5	8,9	533	(121)
Zusammen	6.470	100	36,3	26,8	3,3	22,1	11,5	469	(117)

* Ohne Freie Waldorfschulen, Förderschulen und berufliche Schulen
** Für jede Schülerin und jeden Schüler wurde der Index für den höchsten beruflichen Status der Familie gebildet (HISEI). Gegenübergestellt werden die 25% der Schülerinnen und Schüler mit den höchsten Indexwerten (Hoch), diejenigen 50% mit mittleren (Mittel) und jene 25% mit den niedrigsten Indexwerten (Niedrig). Die Gesamtzahl (Zusammen) entspricht nicht der Summe dieser HISEI-Quartile, da zusätzlich Schülerinnen und Schüler ohne gültige HISEI-Angabe einbezogen werden.

Quelle: PISA-E 2003 und PISA-E 2006, Sonderauswertungen durch das IPN

8

Die vorangestellte Grafik 4[13] belegt diese bis hierher gewonnen Erkenntnis-
se. Der Vergleich der Jahre 2003 und 2006 zeigt keine nennenswerten Ver-
besserungen. Die wichtigsten Daten bezüglich Schulartbesuch, sozioökonomischem Status und der Lesekompetenz wurden zur Illustration in der Tabel-
le fett markiert.

Entsprechend des Schulartbesuchs verhalten sich auch die Zahlen bezüglich
der Schulabschlüsse. Grafik 5[14] zeigt die Schulabschlüsse der 18- bis unter
21-jährigen Bevölkerung 2008 nach Migrationshintergrund und sozioökonomischem Status in Prozent.

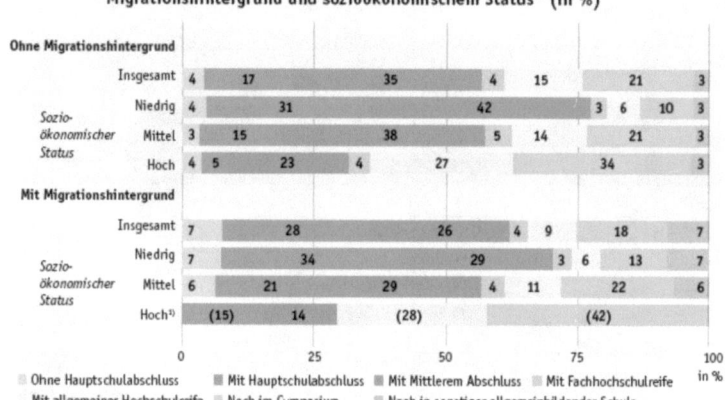

Abb. D7-3: Schulabschlüsse der 18- bis unter 21-jährigen Bevölkerung 2008 nach
Migrationshintergrund und sozioökonomischem Status* (in %)

Laut Bildungsbericht zeigt sich zwischen 2004 und 2008 zwar eine "positive
Entwicklungen sowohl bei den deutschen als auch bei den ausländischen
Jungen und Mädchen: eine Steigerung des Anteils mit allgemeiner Hochschulreife und rückläufige Anteile ohne Hauptschulabschluss"[15], dennoch
bleiben die Disparitäten zwischen Deutschen und Ausländen in ihrer Relation

---

[13] KMK (2010), S. 92.
[14] Ebd.
[15] Ebd.

9

bestehen. Insgesamt machen Schüler mit Migrationshintergrund wesentlich öfter einen Hauptschulabschluss als Schüler ohne Migrationshintergrund (28 % vs. 17 %). Die Zahl der Migranten, die die Schule ohne Hauptschulabschluss verlässt, ist im Vergleich zu deutschen Schülern fast doppelt so hoch (7 % vs. 4 %), während der Anteil der Gymnasialabschlüsse bei Ausländern dreimal geringer ist (9 % vs. 27 %). Diese im Vergleich zwischen Deutschen und Ausländern festgestellten Disparitäten bestätigt der Bildungsbericht in seiner Zusammenfassung: "Jugendliche ohne Zuwanderungshintergrund besitzen öfter das Abitur oder besuchen noch das Gymnasium und verfügen seltener über den Hauptschul- oder keinen Abschluss als jene mit Migrationshintergrund."[16] Zwar bestehen im Bereich Abitur und Gymnasialbesuch bei gleichem sozioökonomischem Status keine nennenswerten Migrationsunterschiede mehr, unterhalb der Hochschulreife aber fallen die Abschlusskonstellationen für Jugendliche mit Migrationshintergrund auch unter dem Blick auf den sozioökonomischen Status ungünstiger aus.

3. Erklärungsmodelle

3.1 Außerschulische Erklärungsmodelle

Von verschiedenen Autoren wird bei Erklärungen für die Nachteile von Migranten im deutschen Bildungssystem oft auf die *kulturell-defizitäre* Erklärung verwiesen. Die Grundthese für diese Begründung lautet, dass Schülerinnen und Schüler aus Migrantenfamilien aufgrund ihres kulturellen Erbes Defizite hinsichtlich dessen aufweisen, was als "Normalausstattung an Verhaltensweisen, Kenntnissen und Fähigkeiten [vorausgesetzt wird], die ein Kind oder ein Jugendlicher eines bestimmten Entwicklungsstandes in die Institutionen der Bildung und Erziehung mitbringe".[17] Damit einher geht die Auffassung, dass beispielsweise türkische Migranten eine sehr traditionelle Einstellung bezüglich des Lernens und der Schule besitzen, die dem Auswendiglernen von Inhalten und dem Lehrer als absoluter Autoritätsperson einen sehr hohen Stellenwert beimisst. Diese antiquierte Haltung ist nur schwer mit der modernen Auffassung von deutscher Schule vereinbar, was dazu führen kann, "dass Migranteneltern Skepsis und Misstrauen der deut-

---

[16] KMK (2010), S. 92.
[17] Diefenbach (2007), S. 223.

schen Schule gegenüber"[18] aufbringen. Dieses Erklärungsmodell basiert also in erster Linie auch auf kulturellen Unterschieden, die zwischen Migranten-familien und der deutschen Gesellschaft bestehen.

Eine weitere außerschulische Begründung liefert die *humankapitaltheoretische* Erklärung. Als Humankapital werden in der Bildungsökonomie "alle Investitionen, die in einen Menschen im Verlauf seiner Erziehung und Ausbildung gemacht werden"[19], bezeichnet. Der Grundgedanke dieses Modells ist derjenige, dass es Migrantenkindern im Gegensatz zu deutschen Kindern an eben diesem Humankapital mangele, das für eine erfolgreiche Bildungsbeteiligung in Deutschland wichtig ist.

Als Indikatoren für Humankapital gelten unter anderem die Bildungsab-schlüsse der Eltern und ihr Einkommen bzw. das Haushaltseinkommen.[20] Auf Probleme in diesem Zusammenhang macht Paul Mecheril aufmerksam: Er konstatiert, dass Arbeitnehmer mit Migrationshintergrund oft ein geringe-res Einkommen haben, was wiederum mit den geringeren Qualifikationen zusammenhängt, über die sie verfügen. Zudem sind Migrantinnen und Migranten "überproportional oft in Krisenbranchen beschäftigt"[21], haben also kaum Zukunftsaussichten in Ihrem Job; oft arbeiten sie auch in Unternehmen mit geringer Kapitalienausstattung, was gleichfalls zu niedrigen Löhnen und einem entsprechend knappen Haushaltseinkommen führt. Die Konsequenz für das Humankapital der Familie ist entsprechend: Die Eltern können sich keine Nachhilfe- oder Sprachkurse für sich und die Kinder leisten oder aber haben zu wenig Zeit für die Betreuung der Kinder, wenn beide Eltern er-werbstätig sind.

Eine sozioökonomische Schlechterstellung von Migrationsfamilien bedingt demnach geringe Aussichten auf einen Bildungserfolg von Migrantenkindern. Diefenbach bemerkt dazu: "Weil Migranteneltern eine geringere Bildung und ein geringeres Einkommen sowie mehr Kinder haben als deutsche Eltern, stehen für die Akkumulation von Humankapital weniger Ressourcen zur Ver-fügung, und dies wirkt sich im geringeren Bildungserfolg von Migrantenkin-

---

[18] Diefenbach (2007), S. 224.
[19] Ebd., S. 226.
[20] Ebd.
[21] Mecheril (2004), S. 143.

dern aus, der sich wiederum in geringerem Erfolg auf dem Arbeitsmarkt ü-
bersetzt."[22]

3.2 Innerschulische Erklärungsmodelle

Wie bereits im ersten Teil dieser Arbeit angedeutet, kritisiert Georg Auernheimer das dreigliedrige Schulsystem in Deutschland massiv. Seine Haupt-
vorwürfe werden im Folgenden kurz dargestellt, da auch diese innerschuli-
schen Kritikpunkte als Erklärungsmodell für die Bildungsbe(nach)teiligung
von Migranten dienen können.

Ein Hauptproblem sieht Auernheimer in der *frühen Laufbahnentscheidung*,
der die Lehrer und Eltern für die Schülerinnen und Schüler ausgesetzt sind.
Er kritisiert, dass der Interventionszeitraum um Nachteile auszugleichen im
Vergleich zu integrativen Systemen sehr kurz sei: "Die Fördermöglichkeiten
seitens der Schule, um das Leistungsgefälle zu verringern, sind daher ver-
gleichsweise gering."[23] Neben der zeitlich zu frühen Schullaufbahnentschei-
dung sieht Auernheimer auch den weiterführenden Weg in der Schule für die
Schülerinnen und Schüler problematisch, denn durch die *starke Differenzie-
rung der Bildungswege* wird seiner Ansicht nach die "Illusion einer Homoge-
nität innerhalb der jeweiligen Bildungswege erzeugt"[24]. Da sich ähnliche Leis-
tungsniveaus jeweils an Hoch-, Realschule und Gymnasium gewissermaßen
konzentrieren, werden Lehrer nicht auf eine Leistungsheterogenität vorbereitet. Dies hat meist zur Folge, dass schwache Schüler auf längere Sicht in
niedrigere Bildungswege rutschen: "Die Zuweisung zur Hauptschule ist, viel-
leicht abgesehen von einigen ländlichen Regionen, ein Stigma. Außerdem
begünstigt der mit der Hauptschule als 'Bildungssackgasse' verbundene
Mangel an Perspektiven Resignation, beeinträchtigt also die Lernmotivati-
on."[25] In der Konsequenz werden Hauptschulen heutzutage auch oft als
„Ausländerschulen" empfunden, da in erster Linie Schülerinnen und Schüler
mit Sprachdefiziten im Schuldeutsch diese Schulform besuchen. Der Ausbau
eines bildungssprachlichen Wortschatzes gestaltet sich unter diesen Um-

---

[22] Diefenbach (2007), S. 227.
[23] Auernheimer (2004), S. 9.
[24] Ebd., S. 12.
[25] Ebd., S. 10.

ständen schwierig, da die Jugendlichen sich unter Mitschüler/innen befinden, die nahezu dieselben sprachlichen Defizite aufweisen. Auf den Stellenwert der Sprache in Punkto Bildungsaspiration wird im dritten Teil dieser Arbeit näher eingegangen.

Ebenfalls ein innerschulisches Erklärungsmodell bietet die so genannte *institutionelle Diskriminierung*. Diese entsteht indirekt vor allem an den Übergangsschwellen von der Grundschule zur Sekundarstufe, bedingt sowohl durch Empfehlungsentscheidungen der Lehrpersonen als auch durch die Gewichtung der Deutschnote, die bei Migrantenkindern in der Regel schlechter ausfällt als bei deutschen Schülerinnen und Schülern.[26] Auernheimer konstatiert für diesen Aspekt, dass weniger eine absichtliche Benachteiligung von Schülerinnen und Schülern durch bewusste Diskriminierung, sondern vielmehr eine vermeintlich objektive Beurteilung, die sich aber in Wahrheit entlang des Kriteriums „ethnische Zugehörigkeit" orientiert, erfolgt.[27]

4. Präventionsmöglichkeiten

4.1 Bessere Integration durch Sprache

Die Erziehungswissenschaftlerin Ursula Neumann kommt in ihrer Betrachtung der Bildungs- und Erziehungssituation türkischer Kinder in Hamburg und Schleswig-Holstein zu folgender Erkenntnis:

"Die Beherrschung der deutschen Sprache gilt als Schlüssel zum Schulerfolg und zum gesellschaftlichen Aufstieg, während die mitgebrachten Sprachen der Einwanderer nicht als gesellschaftlich positive Ressource bewertet werden. Will man die Bildungssituation zweisprachiger Kinder in Deutschland tatsächlich verbessern, wird dies ohne eine Neuorientierung in dieser Frage kaum möglich sein."[28]

Die in Grafik 3 in dieser Arbeit vorgestellten Zahlen bezüglich der Lesekompetenz von Schülerinnen und Schülern mit Migrationshintergrund belegen, dass die Beherrschung der deutschen Sprache auch heute noch ein wichtiges Kriterium für eine erfolgreiche Bildungsbeteiligung im deutschen Schulsystem ist. Dies schließt eine Pflege der Heimatsprache nicht grundsätzlich

---

[26] Diefenbach (2007), S. 234.
[27] Auernheimer (2004), S. 13.
[28] Neumann (2001), S. 11.

aus, laut Ingrid Gogolin ist jedoch die Art der Pflege der Heimatsprache aus-schlaggebend. Zwar führe ein isolierter Unterricht, in dem die Heimatsprache gelehrt wird, zu besseren Ergebnissen in eben dieser Heimatsprache, nicht jedoch in der Zweitsprache[29]. Die Verbesserung der Zweitsprache erfolge nur durch eine angemessene Dauer der Lehrmaßnahme, zusätzlich vor al-lem aber durch eine "didaktische Koordinierung von herkunftssprachlichem Unterricht und Zweitsprachenunterricht" sowie einer angemessenen „Art und Weise der Implementierung schulsprachlicher Programme"[30]. Durch einen bilingualen Unterricht würden laut Gogolin nicht nur Heimat- und Zweitspra-che verbessert, es käme auch zu besseren Leistungen in anderen Fächern. Sie stellt einen deutlichen Zusammenhang zwischen Sprachförderung und Fachleistungen im Allgemeinen fest; allerdings nur unter der Voraussetzung, dass auch fachbezogener Unterricht über einen längeren Zeitraum in der Erstsprache unterrichtet wird.[31] Als Beleg führt sie amerikanische Studien an: "Modellevaluationen in den USA kommen zu dem Ergebnis, dass es einen klaren Zusammenhang zwischen Dauer und Intensität der Förderung in der Herkunftssprache mit dem Erfolg auch in der Zweitsprache gibt (vgl. Tho-mas/Collier 1997)."[32] Die Leistungsergebnisse seien demnach nicht nur in den Sprachen, sondern auch Fächern wie Mathematik verbessert worden.

In diesem Zusammenhang wichtiger als sozioökonomische Faktoren sind die didaktische und curriculare Gestaltung des jeweiligen Unterrichts. Gogolin fordert, dass im Unterricht nicht nur die Vermittlung der Sprache an sich statt-findet, sondern dass die Schülerinnen und Schüler auf die fachlich an-spruchsvollen Kommunikationsweisen vorbereitet werden. Dies gelinge nur unter gewissen Voraussetzungen, "da die didaktische Gestaltung des Unter-richts sowie die Koordination und die Dauer der Förderung diejenigen Fakto-ren sind, von denen ein Gelingen abhängt."[33] Der Ausbildungsgrad der Lehr-kräfte sei ein weiterer Bedingungsfaktor für einen erfolgreichen zweisprachig organisierten Unterricht.[34]

---

[29] Gogolin (2008), S. 45.
[30] Ebd.
[31] Ebd.
[32] Ebd., S. 46.
[33] Ebd., S. 48f.
[34] Ebd.

5. Schlussbemerkung

Ziel dieser Arbeit war es, die Bildungsbeteiligung von Migranten im deutschen Bildungssystem anhand von aktuellen Daten darzustellen. Dies wurde im ersten Teil mit Hilfe von Zahlen und Statistiken des Bildungsberichtes 2010 geleistet. Auch elf Jahre nach den ersten PISA-Tests ist es immer noch so, dass Migranten im Verhältnis zu deutschen Schülerinnen und Schülern im deutschen Schulsystem deutlich schlechter abschneiden Dies belegen die Daten bezüglich der Schulartverteilung, der Lesekompetenz, der Schulabschlüsse und auch der Bildungsbeteiligung nach der Schulpflicht.

In einem zweiten Schritt wurden verschiedene Erklärungsmodelle vorgestellt, die Aufschlüsse über mögliche Ursachen für diese Situation anbieten. Aufgrund des Umfangs dieser Arbeit wurden nur ausgewählte Modelle in aller Kürze vorgestellt und keine Bewertungen der jeweiligen Modelle vorgenommen, auch wenn längst nicht alle Erklärungen unumstritten sind.[35]

Im dritten Teil wurde eine mögliche Präventionsstrategie aufgezeigt, um Schülerinnen und Schülern mit Migrationshintergrund eine bessere Perspektive im deutschen Schulsystem zu bieten. Es wurde sich auf den Aspekt der Bildungsaspiration durch Sprache konzentriert und dem Modell des bilingualen Unterrichts nach Gogolin gefolgt. Selbstverständlich ist dies nur eine "Stellschraube", die die momentane Situation ändern könnte. Auernheimer bietet bei seiner Kritik des dreigliedrigen Schulsystems ebenfalls Alternativen an, die zu einer besseren Bildungsbeteiligung von Migranten führen könnten, auf diese wurde aus Platzgründen nicht weiter eingegangen.[36]

---

[35] So kritisiert beispielsweise Diefenbach: "Die starke oder gar alleinige Betonung des sozioökonomischen Status der Herkunftsfamilie für die Schulkarriere oder den Schulerfolg des Kindes ist schon deshalb unzureichend (und geradezu naiv), weil die Beurteilung der Schulreife eines Kindes durch Ärzte und Psychologen ebenso wie die Einschätzung der Chancen eines Kindes, einen höheren Schulabschluss zu erreichen, durch Lehrer unweigerlich durch die Kenntnis des sozioökonomischen Status der Herkunftsfamilie eines Kindes beeinflusst." Diefenbach (2007), S. 236.
[36] Zur Vertiefung dieser Vorschläge siehe Auernheimer (2004), S. 12-14.

Literaturverzeichnis

Auernheimer, Georg: Unser Schulsystem – für die Einwanderungsgesellschaft disfunktional. In: Albert Tanner u. a. (Hg.), Heterogenität und Integration. Umgang mit Ungleichheit und Differenz in Schule und Kindergarten. Zürich 2006.
http://www.georg-auernheimer.de/downloads/Schulsystem.pdf

Becker, Rolf/Lauterbach, Wolfgang: Bildung als Privileg. Erklärungen und Befunde zu den Ursachen der Bildungsungleichheit. Wiesbaden 2007.

Diefenbach, Heike: Bildungschancen und Bildungs(miss)erfolg von ausländischen Schülern oder Schülern aus Migrantenfamilien im System schulischer Bildung. In: Becker, Rolf/Lauterbach, Wolfgang: Bildung als Privileg. Erklärungen und Befunde zu den Ursachen der Bildungsungleichheit. Wiesbaden 2007.

Gogolin, Prof. Dr. Ingrid/Neumann, Prof. Dr. Ursula/Roth, Prof. Dr. Hans-Joachim: Förderung von Kindern und Jugendlichen mit Migrationshintergrund. Bundesministerium für Bildung und Forschung, Bund-Länder-Kommission für Bildungsplanung und Forschungsförderung (BLK). Bonn 2008.
http://www.pedocs.de/volltexte/2008/335/pdf/heft107.pdf

Mecheril, Paul: Einführung in die Migrationspädagogik. Basel 2004.

Neumann, Ursula: Zur Bildungs- und Erziehungssituation türkischer Kinder in Hamburg und Schleswig-Holstein. Einführungsreferat zur Konferenz "Bildungsprobleme türkischer Kinder und Lösungsvorschläge in Hamburg und Schleswig-Holstein" in Kiel am 3. Februar 2001.
http://www.tgsh.de/deutsch/bildung/bildungskonferenz/Prof-Neumann03022001.html

Ständige Konferenz der Kultusminister der Länder in der Bundesrepublik Deutschland (KMK): Bericht "Bildung in Deutschland 2010. Ein indikatorengestützter Bericht mit einer Analyse zu Perspektiven des Bildungswesens im demografischen Wandel". Herausgeber: Autorengruppe Bildungsberichterstattung im Auftrag der Ständigen Konferenz der Kultusminister der Länder in der Bundesrepublik Deutschland und des Bundesministeriums für Bildung und Forschung. Bielefeld 2010.
http://www.bildungsbericht.de/daten2010/bb_2010.pdf